THÉOPHILE,

OU

LES DEUX POÈTES,

COMÉDIE

EN UN ACTE ET EN PROSE,

MÊLÉE DE VAUDEVILLES,

PAR MM. JOSEPH PAIN ET D***,

Représentée, pour la première fois, à Paris sur le théâtre du Vaudeville, le premier messidor an XII, 1er de l'empire.

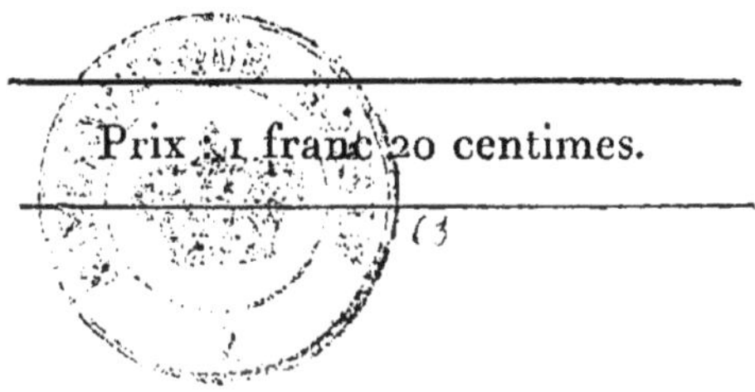

Prix : 1 franc 20 centimes.

A PARIS,

Chez LÉOPOLD COLLIN, libraire, rue Gît-le-Cœur, n°. 18.

AN XIII. — 1804.

ACTEURS.

M. LAPORTE.
M. HIPPOLYTE.
UN MACHINISTE.
UN GARÇON DE THÉATRE.

PROLOGUE.

SCÈNE PREMIÈRE.

MM. LAPORTE, HIPPOLYTE.

M. HIPPOLYTE.

Laporte, un mot.

M. LAPORTE.

Quoi donc ?

M. HIPPOLYTE.

Ne trouves-tu pas drôle
Que l'on ne nous ait pas donné le moindre rôle
Dans la pièce nouvelle ?

M. LAPORTE.

Oui ; j'en veux à l'auteur.

M. HIPPOLYTE.

Et moi donc !

M. LAPORTE.

Oh ! cela doit lui porter malheur.

M. HIPPOLYTE.

Moi qui suis son ami ! Le trait certe est unique.

M. LAPORTE.

Chapelle ou Carpentier t'auront pris ton comique.

M. HIPPOLYTE.

Henry t'aura soufflé ton rôle d'amoureux.

M. LAPORTE.

Oui, vraiment.

M. HIPPOLYTE.

Les voilà !

M. LAPORTE.

C'est piquant.

M. HIPPOLYTE.

C'est affreux !

Et puis aller choisir pour faire un vaudeville
Un sujet inconnu ! Quel est ce Théophile ?

M. LAPORTE.

Un poète, mon cher.

M. HIPPOLYTE.

On voit tant de rimeurs !

M. LAPORTE.

Théophile est au moins connu par ses malheurs :
Mais tel est le destin des hommes de génie,
Vivans on les déchire, et morts on les oublie.

M. HIPPOLYTE.

On en a provoqué même après leur trépas.
On est fort ; on sait bien qu'ils ne répondront pas.
Mais qui t'a dit...

M. LAPORTE.

Vraiment quand je n'ai rien à faire
Je lis... et Théophile est cité dans Voltaire.

M. HIPPOLYTE.

Que dit-il ?

M. LAPORTE.

Que celui qu'en scène l'on a mis
Eut un peu de talent, et beaucoup d'ennemis ;
Qu'un moine contre lui, saintement fanatique,
Arma des faux dévots la ligue frénétique,
Et, faisant retentir la chaire de ses cris,
Osa de ses fureurs scandaliser Paris ;
Qu'un parlement bientôt, cruellement docile,
Décréta, puis au feu... condamna Théophile,
Pour quelques mauvais vers qui n'étaient pas de lui.

M. HIPPOLYTE.

On est heureusement moins sévère aujourd'hui.

M. LAPORTE.

Sa défense fut noble, et pleine d'énergie ;
Mais...

M. HIPPOLYTE.

On le brûla donc ?

M. LAPORTE.

Non pas ; son effigie.

SCÈNE II.

LES MÊMES, UN MACHINISTE.

LE MACHINISTE.

Çà, messieurs, vous perdez le tems à babiller,
Et vous feriez bien mieux d'aller vous habiller.

M. HIPPOLYTE.

Mais nous ne jouons pas.

LE MACHINISTE.

Vous gênez les artistes:
Il faut que promptement, nous autres machinistes,
Nous changions ce salon. Vous causez un retard;
Et puis chacun dira que l'on finit trop tard.

SCÈNE III ET DERNIÈRE.

LES MÊMES, UN GARÇON DE THÉATRE.

LE GARÇON DE THÉATRE.

Place au théâtre; allons, d'ici que l'on déloge;
Vous pouvez tous les deux jaser dans votre loge.

M. LAPORTE, *au garçon de théâtre.*

Oh! ne vous fâchez pas; nous allons y monter.
(à M. Hippolyte.)
Sur Théophile encor j'avais à te conter...

M. HIPPOLYTE.

Non, non, j'en sais assez pour comprendre l'ouvrage.

LE GARÇON DE THÉATRE.

Au rideau!

M. LAPORTE.

Pas encore... Et le couplet d'usage!

AIR : *Trouverez-vous un parlement.*

On vit jadis un parlement,
Des lois trop sévère interprète,
Rendre un injuste jugement,
Et condamner notre poète.
En le plaignant on vit brûler
Son effigie en cette ville:
Aujourd'hui n'allez pas siffler
Son effigie au Vaudeville.

PERSONNAGES.	ACTEURS.
THÉOPHILE VIAUD, poète du 16e siècle.	M. HENRY.
JACQUES TROUSSET, lieutenant criminel de robe courte.	M. CHAPELLE.
COLLETET, poète.	M. LENOBLE.
LA PAUSE, valet de Théophile.	M. CARPENTIER.
SYLVIE.	Mme DESMARES.
FLORINE, suivante de Sylvie.	Mme BLOSSEVILLE.
ARCHERS.	

La scène est au Catelet, vers l'année 1623.

THÉOPHILE,

OU

LES DEUX POÈTES,

COMÉDIE.

Un salon gothique; une fenêtre à la droite du spectateur; deux portes latérales; sur le devant une table couverte d'une écritoire, de livres, de musique. Au lever de la toile Sylvie, assise près de la table, prélude sur sa guittare : un livre est ouvert devant elle; elle est censée y lire ce qu'elle va chanter.

SCÈNE PREMIÈRE.

SYLVIE, *feuilletant un livre;* ENSUITE FLORINE.

SYLVIE.

Oui, cette romance... elle est de Théophile.

Air de Darondeau.

Je voulus peindre la vaillance;
Montmorenci se présenta :
Le parlement me tourmenta;
Je soupirai triste romance.
On me crut athée à la cour;
Je fis des vers sur l'autre vie :
Maintenant je chante Sylvie;
C'est vouer ma muse à l'Amour.

(Florine entre une lettre à la main, et se tient dans le fond.)

J'aimais Bacchus avec ivresse;
J'aimais la gloire avec ardeur;
J'enviais souvent la grandeur,
Et je convoitais la richesse:
Tous ces objets, en un seul jour,
Ont cessé d'occuper ma vie:
Mon cœur a battu pour Sylvie;
Je n'aurai jamais d'autre amour.

FLORINE, *s'avançant.*

Toujours les vers de Théophile!

SYLVIE.

Pour avoir toujours du plaisir.

FLORINE.

Dix odes pour chanter la maison de Sylvie, pas un quatrain qui ne soit pour mademoiselle Sylvie.

SYLVIE.

Mon père lui a sans doute dit mon nom; son imagination m'aura prêté mille charmes; de là ces expressions tendres et passionnées, ce sentiment exquis, ces vers doux et galans....

FLORINE.

Il n'en fait pas toujours: monsieur votre père avant son départ pour Paris m'en citait quelques-uns...

SYLVIE.

Sur moi?

FLORINE.

Non pas, mademoiselle; sur une vieille à prétention.

AIR : *Tenez, moi je suis un bon homme.*

« Cédez, dit-elle, à ma prière,
« Et comparez-moi sur-le-champ
« Au bel astre de la lumière. »
Il lui fit ce quatrain méchant:
« Que me veut donc cette importune?...
« Que je la compare au soleil...
« Il est commun; elle est commune...
« Voilà ce qu'ils ont de pareil. »

SYLVIE.

Le trait est mordant... Parle-moi plutôt de ses idylles, de ses élégies, de ses charmans sonnets.

FLORINE.

Et surtout du plaisir que vous auriez à voir l'auteur.

SYLVIE.

Oui, je le desire depuis long-tems.

FLORINE.

Il est singulier qu'en liaison intime avec M. de Mesnellier, votre père, le poète Théophile ne soit jamais venu au Catelet, dont son ami est gouverneur.

SYLVIE.

A Paris, au sein des plaisirs, admiré pour son génie, aimé sans doute pour lui-même, comment veux-tu, Florine, qu'il abandonne le théâtre de sa gloire pour venir au fond de la Picardie, dans une petite ville où les muses n'ont point fixé leur cour?

FLORINE.

Oui, mais où respire cette charmante Sylvie, objet de toutes ses pensées... Ah! j'oubliais de vous donner une lettre de Paris.

SYLVIE.

Donne : l'écriture de mon père! (*Elle lit.*)

FLORINE.

Nous attendions de ses nouvelles.

SYLVIE, *sans ôter les yeux de dessus la lettre.*

Florine, il vient ici!

FLORINE.

M. de Mesnellier?

SYLVIE, *de même.*

Non; Théophile.

FLORINE.

Théophile!... ah! tant mieux.

SYLVIE, *de même.*

Florine, il court des dangers à Paris!

FLORINE.

Comment des dangers!

SYLVIE, *lisant.*

« On lui attribue un ouvrage méprisable, intitulé *le Parnasse*

« *satirique.* Le parlement s'en mêle, et, quoique innocent, il « est dangereux de lutter contre le parlement. » *(Elle continue à lire.)*

FLORINE.

AIR : *On se chagrine trop vîte.*

Oui, dans l'asile où nous sommes
Tous ses malheurs finiront ;
Et, tourmenté par des hommes,
Des femmes le chériront :
Nous charmerons sa détresse.
Chacun dit qu'il est fort bien :
Le malheur nous intéresse ;
Mais l'Amour ne gâte rien.

SYLVIE.

Mon père ajoute qu'il espère réussir à sauver Théophile, et qu'il arrivera aujourd'hui quelques heures après son ami, afin de ne point éveiller de soupçons... Hé bien, Florine!

FLORINE.

Hé bien, mademoiselle, nous allons le voir.

SYLVIE.

Malheureux, persécuté, qu'il va me paraître intéressant!

FLORINE.

Oui, vous allez exercer votre sensibilité.

SYLVIE.

Qui jamais en fut plus digne? Je veux adoucir ses chagrins, payer, par des soins empressés, par des attentions délicates, les jolis vers qu'il a faits pour moi, et si je lui inspire un sentiment....

FLORINE.

Comment, mademoiselle, il se pourrait?

SYLVIE.

Tu ne sais donc pas combien mon père l'aime; tu ne sais donc pas que vingt fois il m'a donné à entendre que si Théophile me plaisait...

FLORINE.

Un moment... vous ne l'avez pas encore vu.

SYLVIE.

Mon imagination l'a deviné.

FLORINE.

S'il était d'une humeur brusque...

SYLVIE.

L'auteur de vers si doux!

FLORINE.

S'il était d'un certain âge...

SYLVIE.

Trente ans; mon père me l'a dit.

FLORINE.

S'il était mal tourné, contrefait....

SYLVIE.

Oh! pour cela impossible.

FLORINE.

Mais, mademoiselle....

SYLVIE.

Je vous dis, mademoiselle, que c'est impossible.

AIR : *Ah! comme on est régénéré.*

Quelle est l'idée, ô ciel! qu'elle se forme
De ce poète ingénieux!
Pourquoi veux-tu voir mal fait et difforme
Le chantre favori des dieux?
Si, par la sottise enlaidie,
La beauté perd son prestige enchanteur,
Crois-moi, Florine, le génie
Embellit même la laideur.

Je te recommande de la discrétion avec les domestiques. Porte-leur mes ordres; fais préparer pour notre nouvel hôte le plus bel appartement du château.... Non; j'y vais moi-même; aussi bien j'achèverai ma toilette. Je lui destine ce logement; *(désignant la droite.)* il donne sur la vallée : de sa fenêtre il verra un paysage enchanteur, des sites romantiques qui inspireront à sa muse des vers délicieux. *(Elle sort.)*

SCÈNE II.

FLORINE.

Ce que c'est que la solitude ! comme cela monte l'imagination d'une jeune personne !... On lit des romans ; l'esprit devient romanesque.... C'est tout simple ; ne voyant pas ce qu'on peut aimer, on est réduit à aimer ce qu'on ne peut voir.

Air de Wicht.

Héros d'amour, touchans modèles,
Les Galaor, les Amadis
Sans les connaître aimaient leurs belles :
C'est ainsi qu'on aimait jadis.
Ces amours-là sont raisonnables ;
Car il est, on doit le savoir,
Des gens qu'il ne faut jamais voir
Pour les trouver toujours aimables.

J'entends du bruit dans la cour : *(Elle va à la fenêtre.)* serait-ce déjà M. de Mesnellier? Non ; trois cavaliers de mauvaise mine : celui du milieu pourtant n'est pas mal. *(Elle revient.)* C'est peut-être notre poète fugitif.... Déjà !... Pourquoi pas? Et moi aussi je suis curieuse de le voir.... Mais on vient.

SCÈNE III.

FLORINE, THÉOPHILE, LA PAUSE, *bottés, éperonnés, vêtus en militaires ;* TROUSSET *cachant son habit sous un manteau.*

FLORINE.

Que desirent ces messieurs?

TROUSSET.

Il est important que nous parlions au maître de la maison.

THÉOPHILE.

Vous voyez en moi l'un de ses meilleurs amis.

FLORINE, *à part.*

C'est Théophile.

LA PAUSE.

Oui, la belle enfant, nous devons être attendus ici.

FLORINE.

Monsieur de Mesnellier est absent.

TROUSSET, *la tirant à l'écart.*

Il est véritablement absent ?

FLORINE.

Sans doute, monsieur.

TROUSSET.

Mademoiselle, prenez bien garde à ce que vous dites.

FLORINE.

Comment ?

TROUSSET.

Je suis fin ; j'ai des raisons pour l'être, et je vous conseille de ne rien dissimuler avec moi.

FLORINE.

(A part.) Cet homme est singulier. *(Haut.)* Mais, monsieur, rien n'est plus vrai.

THÉOPHILE.

Allons, mon cher compagnon de voyage, nous devons croire ce que nous dit mademoiselle.

TROUSSET.

Capitaine, je le veux bien.

FLORINE, *à part.*

Capitaine ! ce n'est pas Théophile.

TROUSSET.

Avouez-le-nous, mademoiselle. Qui fait en l'absence de M. de Mesnellier les honneurs de sa maison ?

FLORINE.

Ma maîtresse, mademoiselle Sylvie, sa fille unique, âgée de dix-huit ans, jolie et spirituelle.

TROUSSET.

Cela ne me regarde pas.

THÉOPHILE.

Jolie, dix-huit ans et spirituelle, trois titres à nos hommages, trois pièges contre notre liberté.

FLORIN

Monsieur le capitaine est galant.

THÉOPHILE.

AIR : *J'ai vu partout dans mes voyages.*

Je suis Français et militaire;
Fidèle au plaisir, à l'honneur,
Aux femmes je dois pour leur plaire
Offrir et mon bras et mon cœur :
Je sais, ou courageux, ou tendre,
A moi lorsqu'elles ont recours,
Soldat, quelquefois les défendre;
Français, les adorer toujours.

FLORINE, *à part.*

Quel dommage que ce ne soit pas Théophile ! *(Haut.)* Messieurs, veuillez me dire vos noms; je vais vous annoncer à mademoiselle.

THÉOPHILE.

Air du vaudeville de Cruello.

Le capitaine Ferdinand.

LA PAUSE.

Fier à Bras, son confrère.

FLORINE, *à Trousset.*

C'est à vous, monsieur, maintenant
A vous nommer.

TROUSSET.

Ma chère,
Je m'appelle Jacques Trousset.
A Saint-Quentin l'on sait que c'est
Un nom très-respectable.

FLORINE.

Sur ma foi ce nom-là promet.
Vous êtes...

TROUSSET.

Souvent en effet
Je suis un homme impénétrable.

FLORINE.

C'est clair ; messieurs Ferdinand et Fier-à-Bras.

THÉOPHILE, *avec intention.*

Ce sont des noms de guerre.

FLORINE.

Je vais avertir mademoiselle de votre arrivée. *(A part.)* Ce sont sans doute des gens qui viennent arrêter Théophile. *(Haut.)* Messieurs, je vous salue.

SCÈNE IV.

THÉOPHILE, LA PAUSE, TROUSSET.

TROUSSET.

Moi, mes amis, je vais faire un tour dans le château, examiner scrupuleusement, questionner les domestiques.

LA PAUSE.

Comment questionner !...

TROUSSET.

C'est une petite habitude que j'ai prise : je suis fin, et je finis par savoir tout ce qui se passe.

THÉOPHILE.

Et ce grand secret que vous m'avez promis de me confier au terme de notre voyage?

TROUSSET, *tirant Théophile à l'écart.*

Capitaine, vous m'avez montré de l'esprit ; c'est ce qu'il me faut. — Vous avez payé pour moi dans l'auberge; vous me convenez, et quand il sera tems de me découvrir je n'aurai rien de caché pour vous. Je vous rejoins dans l'instant.

SCÈNE V.

THÉOPHILE, LA PAUSE.

LA PAUSE.

Monsieur.

THÉOPHILE.

Hé bien, mon cher Lapause?

LA PAUSE.

S'il faut vous dire ma pensée, je me méfie de cet homme-là.

THÉOPHILE.

Tu as peur de tout.

LA PAUSE.

Parce que nous avons tout à craindre.

THÉOPHILE.

Nous rencontrons ce voyageur aux environs de Saint-Quentin; il vient comme nous au Catelet; nous faisons route ensemble. Sous ce déguisement il me prend pour le capitaine Ferdinand; moi je le prends pour un sot : il n'y a que lui qui se trompe. Il écoute avec admiration le récit de mes prétendus exploits; moi j'écoute avec patience les sornettes qu'il me débite d'un air mystérieux, et nous voilà les meilleurs amis du monde.

LA PAUSE.

Si c'étoit un homme envoyé à notre poursuite!

THÉOPHILE.

Tu es bien le valet d'un poète!... il est seul... et puis mon étoile... Déjà n'a-t-on pas essayé de m'arrêter?

Air du vaudeville d'Arlequin de Retour.

Morphée avait depuis une heure
Sur Paris versé ses pavots,
Lorsqu'en regagnant ma demeure;
« Je fus saisi par deux prévots,
« Fort grands voleurs et très-dévots,
« Priant Dieu comme des apôtres:
« Tous deux me prirent au collet,
« Et, tout disant leurs patenôtres,
« Pillèrent jusqu'à mon valet. »

LA PAUSE.

Le courage nous revint : nous les terrassâmes, et comme ils nous avaient rendu beaucoup plus légers, ils ne purent nous vaincre à la course.

THÉOPHILE.

Rassure-toi; nous sommes ici chez mon ami; nous sommes en sûreté.

LA PAUSE.

Oui; mais cachés dans une vilaine petite ville de Picardie.

THÉOPHILE.

Vilaine! ah, La Pause, quel blasphême! Le Catelet est un endroit charmant; il renferme l'adorable Sylvie.

LA PAUSE.

La beauté qui vous a inspiré tant de vers?

THÉOPHILE.

Chut!.... souviens-toi que le capitaine Ferdinand n'a jamais fait ni idylles, ni chansons.

LA PAUSE.

Pourquoi nous gêner lorsque nous sommes seuls? c'est bien assez que la présence de ce Jacques Trousset nous ait empêché de dire nos véritables noms à la suivante.

THÉOPHILE.

J'en suis enchanté. L'aimable Sylvie me verra sans me connaître; je saurai mieux ce qu'elle pense de moi... Je me nommerai suivant l'occasion, et jouirai délicieusement de sa surprise.

LA PAUSE.

Tandis que vous faites l'amour au Catelet, à Paris le parlement décrète contre l'auteur du *Parnasse satirique*.

THÉOPHILE.

Ce n'est pas contre moi.

LA PAUSE.

Il brûle votre effigie.

THÉOPHILE.

Ce n'est pas encore moi.

LA PAUSE.

Air du vaudeville d'Arlequin Joseph.

A Paris un bûcher s'allume;
Un pareil trépas vous déplaît:
Mais flamme d'amour vous consume
En arrivant au Catelet.
Rester ou fuir... que faut-il faire?
Ma foi, le pas est dangereux:
Vous ne pourrez sortir d'affaire,
Car je vous vois entre deux feux.

THÉOPHILE.

Va, le second ne fait pas mourir.

LA PAUSE.

Comment a-t-on pu vous attribuer *le Parnasse satirique?* un ouvrage si méchant!

THÉOPHILE.

Dis donc un si méchant ouvrage.

LA PAUSE.

AIR :

Une chose, hélas! m'embarrasse;
Mon cher maître, je vois ici
Contre vous le père Garasse.

THÉOPHILE.

Mais j'ai pour moi Montmorenci.

LA PAUSE.

Je crains l'effet de mainte ruse.

THÉOPHILE.

Va, j'en sortirai triomphant.

LA PAUSE.

C'est un moine qui vous accuse.

THÉOPHILE.

C'est un héros qui me défend.

LA PAUSE.

Vous avez bien des ennemis!

THÉOPHILE.

C'est le sort d'un homme à qui l'on suppose quelque mérite.

LA PAUSE.

Cela me tranquillise pour moi; mais vous, si l'on parvient à vous mettre en prison...

THÉOPHILE.

Mon génie sera toujours en liberté.

LA PAUSE.

Oui; mais, tandis que votre génie sera en liberté, votre personne pourra bien coucher au Catelet.

THÉOPHILE.

Hé bien, je saurai me consoler.

LA PAUSE.

En philosophe?

THÉOPHILE.

En poète, mon ami.

Air du vaudeville de M. Guillaume.

Dans ma prison j'écris mainte épigraphe,
Quatrain, requête, élégie ou sonnet;
Même je fais mon épitaphe,
Et je mets en vers mon arrêt.
Du parlement si la fureur extrême
Me laisse mourir dans les fers,
Ma muse alors le condamne lui-même
A vivre dans mes vers.

LA PAUSE.

J'aimerais mieux ce jugement-là que le nôtre... Je crois entendre la voix de Trousset; redevenez vîte le capitaine Ferdinand.

THÉOPHILE.

Poltron! Je lui dirais maintenant que je suis Théophile, qu'il n'en voudrait rien croire.

SCÈNE VI.

THÉOPHILE, TROUSSET, LA PAUSE.

TROUSSET.

Ah, capitaine! vous voyez le plus heureux des hommes!

THÉOPHILE.

Tant mieux, monsieur Trousset.

TROUSSET.

Cet évènement-là va me faire le plus grand honneur.

THÉOPHILE.

Expliquez-vous.

TROUSSET.

Oh! rien n'échappe à ma pénétration. Personne ne peut nous entendre... (*Lui prenant les mains.*) Capitaine, je le tiens.

THÉOPHILE.

Qui donc?

TROUSSET.

Celui qu'on m'a ordonné d'appréhender au corps.

LA PAUSE, *à part.*

Ahie!

TROUSSET, *ôtant son manteau.*

Apprenez que vous avez voyagé tous deux avec un lieutenant criminel de robe courte.

LA PAUSE, *tremblant et à part.*

J'ai cru voir le diable.

THÉOPHILE.

Monsieur Trousset, je parie deviner le nom de celui que vous êtes chargé d'arrêter.

TROUSSET.

Vous croyez?

THÉOPHILE.

C'est le poète Théophile.

TROUSSEE.

C'est vrai. Comment l'avez-vous deviné

THÉOPHILE.

J'ai entendu parler de son affaire.

LA PAUSE, *bas à Théophile.*

Monsieur, nous sommes perdus.

THÉOPHILE.

(*Bas à La Pause.*) Du courage. (*Haut*) Et vous dites que vous le tenez?

TROUSSET.

Vous allez voir s'il peut m'échapper. On a su, par une lettre interceptée, qu'il se rendait au Catelet....

THÉOPHILE.

Ah! l'on a su cela..

TROUSSET.

Nous savons tout : croiriez-vous qu'on vient de me faire avertir qu'il était entré ici en même tems que nous?

THÉOPHILE.

En même tems? c'est bien hardi.

TROUSSET.

Oui, mais je suis adroit : mes archers sont arrivés, et gardent déjà toutes les avenues; personne ne sort, pas même vous, capitaine.

THÉOPHILE.

La précaution est bonne.

LA PAUSE, *bas à Théophile.*

Nous voilà prisonniers.

TROUSSET.

J'espère bien qu'avant la fin du jour j'aurai mis la main sur le collet de ce Théophile.

THÉOPHILE.

Il est donc bien coupable?

TROUSSET.

Athée, licencieux, ne ménageant personne, pas même le cardinal de Richelieu.

AIR : *Morgué, qu'ta mère est donc sauvage !*

Il dit, pour combler ses outrages,
Que monseigneur le cardinal
N'est pas l'auteur de ses ouvrages :
Vous concevez que c'est fort mal.
Malgré ses injures en prose
On ne l'aurait point arrêté ;
Mais ses vers libres sont la cause
Qu'on lui ravit sa liberté.

Il est même condamné au feu par contumace.

LA PAUSE.

Rien que cela ?

THÉOPHILE.

AIR : *Trouverez-vous un parlement.*

Pour des écrits dont aujourd'hui
Des méchans le disent coupable,
Peut-on prononcer contre lui
Ce châtiment abominable?
Et toi qui te nommes ici
Le ministre de la vengeance,
Si toujours on punit ainsi,
Dis-moi comment on récompense.

TROUSSET.

Récompenser.... ce n'est pas ma partie. Mais avec quelle chaleur vous le défendez!

THÉOPHILE.

(*A part.*) Je m'oublie. (*Haut.*) Il est vrai. Apprenez que j'ai été lié avec Théophile.

TROUSSET, *à la Pause.*

Et vous, monsieur Fier-à-Bras, avouez que vous paraissez inquiet.

LA PAUSE.

Moi? c'est que j'ai long-tems servi Théophile.

TROUSSET.

Bah!

LA PAUSE.

C'est le poète qui m'a fait entrer au service du capitaine.

TROUSSET.

Hé bien, j'aime ça! on doit s'intéresser à ses amis, avoir de la sensibilité. Moi, qui n'entre pas dans ces détails, j'espère que vous ne m'en voudrez pas si je fais le dû de ma place.

THÉOPHILE.

C'est votre devoir.

TROUSSET.

Vous croyez donc que c'est un honnête homme?

THÉOPHILE.

Comme moi-même.

TROUSSET.

Hé bien, je suis fâché de tout cela par rapport à vous. Je ne vous connais que depuis hier; mais votre franchise, vos exploits, votre générosité surtout vous ont gagné mon amitié. Capitaine, je me mettrais dans le feu pour vous.

THÉOPHILE.

Si vous nous aviez dit cela plutôt !

TROUSSET.

Vous me verrez dans l'occasion. Mais que les affaires ne me fassent pas oublier une chose très-importante : le déjeûner nous attend ; en venant vous conter mon histoire, j'ai rencontré un domestique qui m'a dit que mademoiselle Sylvie ne pouvait encore nous recevoir, mais qu'elle nous avait fait servir dans un des pavillons du château.

THÉOPHILE.

Allons, Trousset, oublions, le verre à la main, les disgraces de la vie ; c'est la morale d'Epicure, de Théophile....

TROUSSET.

C'est la mienne aussi.

THÉOPHILE.

Fier-à-Bras, tu viens avec nous?

LA PAUSE.

Pas de doute, capitaine ; j'ai besoin d'un peu de distraction. *(Ils sortent. Colletet entre.)*

SCÈNE VII.

COLLETET.

Personne ici! la singulière maison! Là bas des gens en uniforme m'examinent des pieds à la tête.... plus loin un domestique m'invite mystérieusement à monter au salon... M'y voici : pauvre Colletet! mon libraire s'est laissé arrêter. S'il disait que *le Parnasse Satirique* est de moi!.... Heureusement le père Garasse me recommande à M. de Mesnellier... Depuis quinze jours hors de Paris, je ne sais aucune nouvelle... N'importe, me voilà arrivé... Attendons : pauvre Colletet, tu n'y es que trop accoutumé!

Air du vaudeville de l'Opéra comique.

Attendre, hélas! est de saison
Dans l'art des vers lorsqu'on s'escrime:
L'on attend souvent la raison,
Et l'on attend par fois la rime.
Plus d'un poëte perd son tems
Auprès des grands qu'il importune:
Il attend la gloire long-tems,
Et toujours la fortune.

Il est vrai que *le Parnasse satirique* m'a déjà rapporté quelque bénéfice; Dieu merci, l'ouvrage va bien; la vogue est complette : d'abord le nom de Théophile que j'y ai mis, et puis l'ouvrage est méchant....

AIR : *Jetez les yeux sur cette lettre.*

L'écrivain qu'à présent on cite,
Déchirant tout dans ses essais,
Avec un très-petit mérite
Se procure de grands succès.
Son esprit méchant seul lui donne
Le nom qu'il obtient aujourd'hui:
S'il n'eût mal parlé de personne,
L'on n'eût jamais parlé de lui.

L'on ne vient pas... Ah! voici quelqu'un.

SCÈNE VIII.

COLLETET, FLORINE.

FLORINE, *sans voir Colletet.*

Oui, ce Trousset et ce capitaine viennent arrêter Théophile, je n'en doute plus; j'ai vu les archers que Trousset a mis en sentinelle. Ah! (*Elle voit Colletet qui lui fait de grandes révérences.*) Que demande monsieur?

COLLETET.

On est sans doute prévenu ici de mon arrivée, mademoiselle?

FLORINE.

Monsieur vient chercher...

COLLETET.

Un asile.

FLORINE.

Monsieur vient...

COLLETET.

Des environs de Paris.

FLORINE.

Monsieur est.....

COLLETET.

Poète.

FLORINE, *à part.*

C'est lui.

COLLETET.

Je me nomme...

FLORINE.

Chut!... vous nommer serait vous perdre.

COLLETET.

Comment?

FLORINE.

La maison est pleine d'archers.

COLLETET.

Je les ai vus.

FLORINE.

Vous venez ici à cause du *Parnasse satirique.*

COLLETET, *à part.*

On sait qu'il est de moi.

FLORINE.

Nous estimons ici vos ouvrages.

COLLETET.

Est-il possible?

FLORINE.

Mademoiselle brûlait d'envie de vous voir.

COLLETET.

Vous croyez?

FLORINE.

Votre appartement est prêt.

COLLETET.

Mon appartement?

FLORINE.

Que vous êtes heureux!

COLLETET, *à part.*

Je n'y comprends rien.

FLORINE, *à part.*

C'est là Théophile.... Ma maîtresse sera bien attrapée !

COLLETET.

Daignez me dire...

FLORINE.

Paix ! on pourrait nous entendre.

COLLETET.

Mais encore...

FLORINE.

J'entends du bruit.

AIR : *Consultons le registre.*

Vite entrez.

COLLETET.

Je vous laisse.

FLORINE, *désignant la droite.*

Là votre appartement.

(Colletet entre.)

SCÈNE IX.

FLORINE.

Suite de l'air.

Et ma pauvre maîtresse
Qui le croyait charmant!
Faudra-t-il que je lui dise
Que, trahissant son desir?...
Non, laissons-lui le plaisir
De la surprise.

SCÈNE X.

FLORINE, TROUSSET, THÉOPHILE, LA PAUSE.

FLORINE.

Hé bien, messieurs, êtes-vous contens?

TROUSSET.

Enchantés, mademoiselle; la chère était excellente.

LA PAUSE.

Le vin délicieux.

THÉOPHILE.

La maîtresse de la maison seule nous manquait.

FLORINE.

Je vais la chercher. (*Elle sort.*)

SCÈNE XI.

THÉOPHILE, TROUSSET, LA PAUSE.

TROUSSET.

Messieurs, êtes-vous mes amis?

THÉOPHILE.

A qui le demandez-vous!

TROUSSET.

C'est qu'il m'est venu une idée lumineuse; tout en sablant avec vous ce petit vin picard qui est tout à fait gentil, je me suis avisé que vous pourriez me rendre un service.

THÉOPHILE.

Un service... parlez.

TROUSSET.

Puisque tous les deux vous dites avoir connu le poète Théophile, parbleu! vous pouvez me dire si son signalement est exact.

THÉOPHILE.

Moi qui étais son ami!

LA PAUSE.

Moi qui étais son valet!

TROUSSET.

Raison de plus: on vit ensemble, on n'est pas toujours d'accord; la figure s'anime, et les traits du visage restent gravés dans la mémoire. Hen! (*A Théophile.*) je parie que Théophile s'est mis quelquefois en colère contre lui. (*Désignant La Pause.*)

THÉOPHILE, *souriant.*

Très-souvent. C'est un si mauvais sujet!

TROUSSET.

C'est fort bon cela.

LA PAUSE.

Ah! capitaine....

THÉOPHILE.

AIR : *J'ai vu partout dans mes voyages.*

Au service de Théophile
Je l'ai vu menteur, entêté,
Bavard, curieux, indocile...
Encor le portrait est flatté.
Il aime le vin, la fleurette,
Et va tous les jours en secret
Porter son cœur à la grisette,
Et ses gages au cabaret.

TROUSSET.

Ce jeune homme aime l'occupation.

LA PAUSE.

A mon tour. Voici le portrait de M. Théophile, et je ne le flatterai point.

TROUSSET.

Voyons.

LA PAUSE.

AIR : *Une fille est un oiseau.*

Convive de belle humeur,
Cherchant l'esprit dans son verre,
Philosophe peu sévère,
Du plaisir adorateur,
Faible amant de la sagesse,
Apôtre de la paresse,
Héros de délicatesse,
Sans rien tenir il promet
Aux muses de la prudence,
Aux femmes de la constance,
De l'argent à son valet.

Vous voyez, capitaine, que je le sais par cœur.

THÉOPHILE.

Il y a quelque chose à changer à ce portrait.

LA PAUSE.

Je n'en rabats rien, monsieur Trousset; je connais mieux le poète Théophile que le capitaine lui-même.

TROUSSET.

En ce cas c'est vous qui m'allez dire ce que je veux

THÉOPHILE, *bas, avec intention.*

Donne à monsieur des renseignemens bien exacts.

LA PAUSE.

Si je lui en donne de mauvais, ce ne sera pas faute de bonnes intentions.

TROUSSET, *cherchant dans ses poches.*

Ah! voici le signalement.

(*Il se met à la table, et lit.*)

AIR : *Daignez m'épargner le reste.*

Cheveux blonds.

LA PAUSE.

Théophile est brun.

TROUSSET. *Il parle en arrivant.*

Brun? (*Il chante.*)

Nez aquilin.

LA PAUSE.

Nez ordinaire.

TROUSSET.

Ordinaire?

Air distingué.

LA PAUSE.

Non; très-commun.

TROUSSET.

Commun?

Visage plein.

LA PAUSE.

Maigre, au contraire.

TROUSSET.

Maigre?

J'avais de faux renseignemens;
Sur quoi veut-on que je me fonde?

LA PAUSE.

C'est qu'en fait de signalemens
On en fait de si ressemblans,
Qu'ils ressemblent à tout le monde.

THÉOPHILE.

Maintenant vous le reconnaîtriez entre mille.

TROUSSET.

J'y compte, mes amis. Bien des remercîmens. Si de mon côté je pouvais faire quelque chose pour vous.....

THÉOPHILE.

Je vous assure que nous nous sommes rendu service à nous-mêmes.

TROUSSET.

Je vous ai une obligation!....

THÉOPHILE.

C'est moi que vous avez obligé.

TROUSSET.

Je suis on ne peut plus sensible....

THÉOPHILE.

Cela n'en vaut pas la peine.

TROUSSET.

Capitaine, je vous arrête.

THÉOPHILE.

Comment donc?

TROUSSET.

Oui, je vous arrête; je ne souffrirai pas que vous me croyiez quitte envers vous.

SCÈNE XII.

LES MÊMES, SYLVIE, FLORINE.

FLORINE.

Voici ma maîtresse.

SYLVIE.

Je regrette, messieurs, que l'absence de mon père ne lui permette pas de vous recevoir lui-même; mais je l'attends aujourd'hui, dans quelques instans peut-être, et ce plaisir n'est pour lui que différé.

THÉOPHILE, *à part.*

Elle est fort jolie.

TROUSSET.

Mademoiselle, l'honnêteté avec laquelle... le déjeûner que vous avez eu la bonté... Capitaine, parlez pour nous deux.

THÉOPHILE.

Air de Darondeau.

Nous avions presque l'assurance
D'une aimable hospitalité;
Chacun de nous comptait d'avance
Sur un accueil plein de bonté;
S'attendait à vous trouver belle,
Riche de grâces, d'agrémens:
Vous conviendrez, mademoiselle,
Qu'il faut croire aux pressentimens.

SYLVIE.

On dit que vous venez arrêter le poète Théophile.

TROUSSET.

C'est moi qui ai cet honneur; je suis lieutenant criminel de robe courte.

SYLVIE.

Je vous assure, monsieur, que je ne l'ai jamais vu. *(Bas à Florine.)* Tu dis qu'il est là?

FLORINE, *bas.*

Oui, mademoiselle.

SYLVIE.

Je ne vous cacherai pas que votre visite aurait pu avoir pour moi un motif plus agréable.

TROUSSET.

Je suis accoutumé à ces complimens-là.

THÉOPHILE.

Vous vous intéressez donc à Théophile?

SYLVIE.

AIR : *Par hasard ce bon La Fontaine.*

Oui, son triste sort m'inquiète :
Pouvez-vous en être étonné!
Je l'admire comme poète,
Je le plains comme infortuné.
Qui ne blâmerait les outrages
Dont on punit quelques erreurs!
Lorsque l'on a lu ses ouvrages
On voudrait finir ses malheurs.

THÉOPHILE.

Intérêt doux et touchant!

TROUSSET.

Comment, mademoiselle, est-ce que vous voudriez soustraire Théophile à nos recherches ?

SYLVIE.

Non, monsieur le lieutenant; je me borne à faire des vœux pour qu'il ne tombe jamais au pouvoir de ses ennemis.

THÉOPHILE.

Ah, mademoiselle !

AIR : *Que ne suis-je la fougère.*

On le tourmente, et votre ame
Daigne s'occuper de lui !
Voilà le cœur d'une femme,
Du malheur toujours l'appui !
Ah ! dût le sort qui l'exile
L'accabler de nouveaux coups,
Que ne suis-je Théophile,
Puisqu'il est aimé de vous !

SYLVIE.

Et cependant vous venez l'arrêter.

THÉOPHILE.

Moi, mademoiselle !

TROUSSET.

Point du tout. Le capitaine Ferdinand n'est arrivé avec moi que parce que je l'ai rencontré en route. Il vient voir M. de Mesnellier, qu'il connaît beaucoup. Arrêter Théophile ! ah bien oui !... il était son ami.

SYLVIE.

Son ami ! Vous, monsieur?

THÉOPHILE.

Nous ne nous sommes jamais quittés, nous avons toujours habité la même maison, eu les mêmes goûts, les mêmes plaisirs, et lorsqu'il brûlait de connaître l'adorable Sylvie je partageais son impatience.

SYLVIE, *bas à Florine.*

C'est singulier comme ce jeune homme prévient en sa faveur ! c'est sans doute comme cela qu'est Théophile.

FLORINE, *bas, avec malice.*

Encore mieux, mademoiselle.

TROUSSET.

Maintenant, comme je suis duement averti que Théophile est dans le château...

SYLVIE, *à part.*

O ciel!

TROUSSET.

Vous me permettrez de faire avec mes archers les perquisitions les plus exactes.

THÉOPHILE.

Oui, commencez par les appartemens.

SYLVIE, *à part.*

Le cœur me bat!

TROUSSET.

Les appartemens!... fi donc, capitaine! est-ce qu'à sa place nous nous cacherions là? Je suis fin; je suppose qu'il l'est comme moi.

LA PAUSE.

Au moins, et surtout très-hardi.

TROUSSET.

Ainsi point d'appartemens.

SYLVIE, *à part.*

Je respire!

TROUSSET.

Mais j'ai déjà remarqué certaine casemate...

THÉOPHILE.

Bonne idée! j'y vais avec vous; je suis sûr que Théophile y sera.

TROUSSET.

Cela part de là. *(Montrant son front.)*

LA PAUSE.

Partons.

SYLVIE.

M. le lieutenant, pour vous prouver ma soumission aux ordres dont vous êtes porteur, en l'absence de mon père je serai avec Florine présente à vos recherches.

TROUSSET.

Mademoiselle, j'en ferai mention dans mon procès-verbal.

THÉOPHILE, *bas à La Pause.*
Viens; je trouve plaisant d'aider à me chercher moi-même!

SCÈNE XIII.

COLLETET.

Il y avait du monde ici tout à l'heure; mais je n'ai pu entendre ce qu'on disait. On ne vieut pas: pour un homme que l'on attendait, que l'on brûlait de voir, il me semble qu'on me laisse seul bien long-tems. La maison est pleine d'archers, m'a dit la suivante. On sait que *le Parnasse satirique* est de moi; mon coquin de libraire aura parlé..... Diable! Mais le père Garasse est ennemi de Théophile.

Air de Wicht.

Contre ses ennemis je songe
Qu'il peut, lorsqu'il est irrité,
Proférer maint petit mensonge
Dans la chaire de vérité.
Pour la vengeance on le renomme:
Lui déplaît-on, point de milieu,
Il vous ferait brûler son homme,
Et le tout pour l'amour de Dieu.

Le jésuite me protégera... la demoiselle de la maison est prévenue en ma faveur.... Ah! si je ne m'étais pas tant pressé d'épouser ma servante Claudine... je pourrais... N'importe; ce salon est sans doute commun à toute la maison; la demoiselle y va venir; faisons-lui quelques vers... Bon! je me rappelle une romance que j'ai vue quelque part. Elle n'est pas de moi, mais c'est égal; je n'ai pas le tems de faire un impromptu... *(Il écrit.)* Sexe charmant... *et cœtera...* Fort bien! On vient; c'est elle sans doute. Achevons d'écrire, et plaçons ma romance en évidence... ici. *(Il se retire à l'écart.)*

SCÈNE XIV.

SYLVIE, FLORINE, COLLETET.

SYLVIE, *sans voir Colletet.*

Oui, Florine, je veux le voir, et tandis que le lieutenant cherche inutilement là-bas, je puis sans danger voir ici ce poète charmant.

FLORINE, *avec malice.*

Votre imagination l'a déjà deviné?

SYLVIE.

Oui, je me le figure jeune, bien fait... comme le capitaine. Il doit avoir l'air le plus distingué...

FLORINE.

Comme le capitaine.

SYLVIE.

La tournure la plus séduisante...

FLORINE, *apercevant Colletet.*

Le voici.

SYLVIE, *après l'avoir vu.*

Quoi! c'est là...

FLORINE, *chantant bas à Sylvie.*

Crois-moi, Florine, le génie
Embellit même la laideur.

(Elle sort.)

SCÈNE XV.

SYLVIE, COLLETET.

COLLETET, *à part.*

Elle est fort jolie cette femme-là.

SYLVIE, *à part.*

Ce poète n'est pas bel homme.

COLLETET.

Il est bien doux pour moi, mademoiselle, en vous adressant la parole pour la première fois, d'avoir à vous offrir l'expression de ma reconnaissance!

SYLVIE.

Vos ouvrages, monsieur, doivent plaire à tous les gens de goût.

COLLETET.

On dit que l'auteur a le bonheur de vous intéresser.

SYLVIE.

Vos vers sont les plus gracieux du monde.

COLLETET.

Celui qui les a faits vous inspire, dit-on...

SYLVIE.

Votre poésie est remplie de pensées ingénieuses.

COLLETET.

Et vous trouvez que le poète...

SYLVIE.

Vos quatrains sont tendres et tout à fait galans.

COLLETET.

Parlons, s'il vous plaît, de l'auteur.

SYLVIE.

Vos sonnets se font lire avec un plaisir toujours nouveau.

COLLETET, *à part.*

Ouais! l'accueil est bien froid.

SYLVIE.

Mais il faut s'occuper de vous.

COLLETET.

C'est ce que je vous demande.

SYLVIE.

Vous avez des ennemis : on a su que vous veniez au Catelet; on vous y a suivi, et dans ce moment on vous cherche à quelques pas d'ici.

COLLETET.

On sait donc vraiment que le maudit ouvrage est de moi?

SYLVIE.

De vous!... il est de vous!... je vous en croyais incapable. Ne craignez rien cependant; mon père, qui ne peut tarder d'arriver, prendra de nouvelles mesures pour votre sûreté.

COLLETET.

Vous m'effrayez.

SYLVIE.

En attendant rentrez dans cet appartement ; il y a ici un capitaine qui dit être de vos amis.

COLLETET.

Un capitaine...

SYLVIE.

Je tâcherai, sans vous exposer, de vous procurer avec lui un moment d'entretien.

COLLETET.

Mais, mademoiselle...

SYLVIE.

Rentrez, vous dis-je... la prudence le veut.

COLLETET.

Au moins pendant mon absence daignez jeter un coup d'œil sur une romance que j'ai mise sur cette table, et qui m'a été inspirée par la beauté...

SYLVIE.

Je la verrai, monsieur.

(Colletet rentre.)

SCÈNE XVI.

SYLVIE.

Adieu, mon illusion! adieu, mes douces chimères!.. Sauvons pourtant ce poète, et puisque le capitaine est son ami... Il est aimable ce capitaine!... c'est lui qui ressemble bien au portrait idéal... Il est vif, galant, ses manières sont agréables... et le son de sa voix... Au lieu que Théophile... et puis s'avouer l'auteur du *Parnasse satirique!*.. le vilain homme! cependant...

Air du vaudeville de l'Asthénie.

Envers lui ma sévérité
Paraîtra sans doute blâmable;
Si mon esprit l'eût moins flatté,
Mes yeux le verraient plus aimable:
Sur la cause de notre erreur
Nous exerçons notre vengeance,
Et nous avons trop de rigueur
Pour avoir eu trop d'indulgence.

Allons, voyons sa romance; elle me raccommodera peut-être avec lui.

(Elle va prendre la romance.)

SCÈNE XVII.

SYLVIE, THÉOPHILE.

(A peine la romance est commencée, que Théophile entre et reste au fond du théâtre en écoutant attentivement.)

SYLVIE.

AIR :

Sexe charmant, de qui nous tenons l'être,
Qui tourmentez et vous faites chérir,
« Pour une fois que vous nous faites naître,
« Combien de fois vous nous faites mourir! »

THÉOPHILE.

J'ai vu Sylvie, et j'ai connu mon maître.
Objet charmant, te voir c'est te chérir:
Mais à l'Amour puisque tu m'as fait naître,
D'amour, hélas, ne me fais pas mourir!

SYLVIE.

Monsieur le capitaine, en vérité... vous connaissez donc cette romance?

THÉOPHILE.

Oui, je la connais comme celui qui l'a faite.

SYLVIE.

Vous avez chanté avec une expression...

THÉOPHILE.

J'étais si pénétré de ce que je disais!

SYLVIE.

Compliment d'usage... vous me voyez pour la première fois.

THÉOPHILE.

Pour la première fois!

AIR : *Avec vous sous le même toit.*

J'ai rêvé long-tems vos attraits,
J'ai rêvé votre cœur sensible,
J'ai rêvé chacun de vos traits,
Et votre grâce irrésistible;
Pour completter l'illusion,
Et pour suppléer à ma vue,
J'ai rêvé la perfection...
Vous ne m'étiez pas inconnue.

SYLVIE.

Je vous prierai de m'écrire le second couplet, puisque votre ami ne m'a donné que le premier.

THÉOPHILE.

Mon ami, mademoiselle?

SYLVIE.

Sans doute.

THÉOPHILE.

Je ne connais pas cette écriture.

SYLVIE.

C'est pourtant celle de Théophile.

THÉOPHILE.

Je puis vous assurer que non.

SYLVIE.

Vous voulez rire, M. le capitaine : il me quittait lorsque vous êtes entré.

THÉOPHILE.

Oserais-je vous demander qui?

SYLVIE.

Théophile.

THÉOPHILE.

Il vous quittait! lui!

SYLVIE.

Lui-même, et je voudrais ne l'avoir pas vu, je l'estimerais encore.

THÉOPHILE.

Je ne vous entends pas.

SYLVIE.

Croiriez-vous qu'il m'a avoué que *le Parnasse satirique* est de lui?

THÉOPHILE.

C'est une calomnie... Qui vous a dit que Théophile est ici?

SYLVIE.

Y pensez-vous, capitaine? je vous dis que je l'ai vu, qu'il m'a parlé; et, comme vous êtes son ami, je veux vous procurer un entretien avec lui.

THÉOPHILE.

Avec lui!... j'en serai enchanté.

SCÈNE XVIII.

LES MÊMES, FLORINE.

FLORINE.

Mademoiselle, Germain, le valet de chambre de M. de Mesnellier, vient d'arriver...

SYLVIE.

Et mon père?

FLORINE.

Sa voiture s'est brisée à une demi-lieue d'ici.

SYLVIE.

Ah, mon dieu!

FLORINE.

Près du château de Sennecourt, où monsieur votre père s'est fait porter.

SYLVIE.

Serait-il blessé?

FLORINE.

Germain dit que non. Il a ordre de conduire une autre voiture à son maître.

SYLVIE.

J'y veux aller moi-même. Oui, M. le capitaine, votre ami Théophile est ici... Frappez à cette porte... Je ne tarderai peut-être pas à revenir... Viens, Florine.

SCÈNE XIX.

THÉOPHILE, COLLETET.

THÉOPHILE.

Que veut dire ceci? là dans cette chambre est mon ami Théophile!... Quel est mon impertinent Sosie? Entrons... Un moment... n'y aurait-il pas du danger de me montrer?... N'importe, éclaircissons ce mystère. *(Il va frapper à la porte à droite.)* Ouvrez.

COLLETET, *en-dedans.*

Qui est là?

THÉOPHILE.

De la part de mademoiselle Sylvie... *(Colletet paraît.)* Que vois-je! Colletet!

COLLETET.

Théophile!

THÉOPHILE.

Vous ici!

COLLETET.

Vous au Catelet!

THÉOPHILE.

C'est donc vous qui paraissez sous mon nom?

COLLETET, *à part.*

Saurait-il... *(Haut.)* Comment sous votre nom!

THÉOPHILE.

C'est moi qu'on attendait ici, et vous que l'on croit Théophile.

COLLETET, *à part.*

Je comprends; les prévenances, les archers, tout était pour lui... je suis en sûreté.

THÉOPHILE.

Hé bien?

COLLETET.

Je crois vous faire beaucoup d'honneur.

THÉOPHILE.

L'honneur... et le nom de Colletet!

COLLETET.

« Richelieu pour six vers m'a donné six cents livres.

THÉOPHILE.

« Puissiez-vous à ce prix lui vendre tous vos livres! »

COLLETET.

Vantez-vous de la tragédie de Pyrame et Thysbé.

THÉOPHILE.

Jouée vingt fois de suite.

COLLETET.

« Le voilà ce poignard qui du sang de son maître
« S'est souillé lâchement!... il en rougit le traître! »
Beaux vers!

THÉOPHILE.

Je ne puis vous citer les vôtres..... personne ne s'en souvient.

COLLETET.

Rimeur licencieux! homme de mœurs équivoques!...

AIR : *Font leur cinquième édition.*

Près des femmes tu vas chercher
Plus d'une aventure galante.

THÉOPHILE.

L'on ne saurait me reprocher
D'avoir épousé ma servante.

COLLETET.

Ne vas-tu pas dans leur boudoir
Etablir ta muse... badine?

THÉOPHILE.

Grâce à ton hymen, on peut voir
Ton Parnasse dans ta cuisine.

COLLETET.

Cela vaut mieux que d'avoir fait *le Parnasse satirique.*

THÉOPHILE.

C'est à tort qu'on me l'attribue.

COLLETET.

(A part.) Je le sais bien. *(Haut.)* Mais comment vous défendrez-vous?

THÉOPHILE.

Comme Socrate; en méprisant mes accusateurs.

COLLETET.

Comme Socrate !

Même air.

Par l'amour-propre dirigé,
Tu veux te comparer au sage
Qui dans Athènes fut jugé
Par un injuste aréopage!

THÉOPHILE.

Oui, d'une même adversité
Je dois prévoir la même issue:
J'ai chanté l'immortalité,
Et l'on m'apprête la ciguë.

COLLETET.

Toujours enthousiaste !

THÉOPHILE.

Toujours froid comme vos vers !

COLLETET.

Vous le plus fou de tous les poètes.

THÉOPHILE, *par inspiration.*

AIR : *Monsieur, je remplis mon devoir.*

« Ici, j'en conviens avec vous,
« Oui, mais malgré ce que vous êtes,
« Si tous les poètes sont fous,
« Tous les fous ne sont pas poètes. »

COLLETET.

Oh! je sais bien que vous me haïssez.

THÉOPHILE.

Vous seriez le premier.

COLLETET.

Je vous aimais, moi.

THÉOPHILE.

C'est impossible; j'ai eu des succès.

COLLETET.

J'ai parlé de vous au cardinal... je vous ai porté en toute occasion...

THÉOPHILE.

Même air.

« Tant d'honneur je n'ai mérité ;
« Colletet, je vous remercie;
« Et si de vous j'étais porté
« L'on me prendrait pour le messie. »

COLLETET.

Vous m'insultez; je puis me venger à l'instant.

THÉOPHILE.

Vous venger! comment?

COLLETET.

En vous livrant aux archers qui ne sont ici que pour vous.

THÉOPHILE.

Misérable! l'oserais-tu?

COLLETET.

A l'instant même.

THÉOPHILE.

(A part.) Prévenons le coup. *(Haut.)* Hola, M. Trousset; tous les archers!...

COLLETET, *à part.*

Quel est son dessein?

SCÈNE XX.

LES MÊMES, TROUSSET, LA PAUSE, ARCHERS.

TROUSSET.

Me voici! Qu'y a-t-il? A moi, gendarmes!

LA PAUSE, *à part.*

Quel est ce visage?

THÉOPHILE.

Monsieur le lieutenant, Théophile est ici, et vous ne l'arrêtez pas! *(Bas à La Pause.)* Tu diras comme moi.

TROUSSET.

Que dites-vous là?

COLLETET.

Oui, arrêtez Théophile.

TROUSSET.

De tout mon cœur.

THÉOPHILE.

Il est devant vos yeux.

COLLETET.

C'est la vérité.

THÉOPHILE, *désignant Colletet.*

Le voici.

LA PAUSE.

Oui, le voici.

COLLETET.

Moi!

TROUSSET.

Archers, saisissez-vous de monsieur. Oh! la bonne capture!

(Les archers environnent Colletet.)

COLLETET.

Mais je ne suis pas Théophile.

TROUSSET.

Vous venez de l'avouer.

COLLETET.

Vous perdez l'esprit.

TROUSSET.

C'est impossible. Vous êtes reconnu par monsieur. *(Désignant Théophile.)*

THÉOPHILE.

Mon pauvre ami!

COLLETET.

Je n'en ai pas, monsieur.

TROUSSET.

Par votre ancien domestique. *(Désignant La Pause.)*

LA PAUSE.

Mon pauvre maître!

COLLETET.

Tout le monde sait que je n'ai jamais eu qu'une servante.

LA PAUSE.

Vous dites cela parce que vous me devez deux ans de gages.

COLLETET.

L'impudent coquin !

TROUSSET.

Point de propos ; j'ai de quoi vous confondre, monsieur. (*Il tire de sa poche le signalement.*) Nez ordinaire, air commun, visage maigre... Allons, marchez.

LA PAUSE, *bas à Théophile.*

Mon signalement.

COLLETET.

Par tous les dieux, vous êtes dans l'erreur ; je ne suis pas celui que vous cherchez.... c'est monsieur. (*Désignant Théophile.*)

TROUSSET.

Le capitaine Ferdinand ? Allons donc ! un ami de M. de Mesnellier, le vôtre !

COLLETET.

S'il était mon ami me livrerait-il ?

TROUSSET.

Réflexion tout à fait juste.

COLLETET.

Je vous dis que c'est lui.

TROUSSET.

Mais... non, je ne puis le croire... un militaire voyageant pour... Pourquoi voyagez-vous, capitaine ?

THÉOPHILE.

Je vais prendre les eaux.

COLLETET.

Evasion, M. Trousset.

TROUSSET.

Capitaine, en honneur, je ne crois pas ce qu'on dit; mais pour convaincre cet entêté, montrez-moi vos papiers.

LA PAUSE, *à part.*

Notre heure est venue.

THÉOPHILE, *embarrassé.*

Mes papiers?

TROUSSET.

Vous avez l'air embarrassé...

THÉOPHILE.

Hé bien... il faut donc vous l'avouer...

LA PAUSE, *bas à Théophile.*

N'avouez rien.

THÉOPHILE.

Pour des raisons très-fortes je voyage sous un nom supposé.

COLLETET.

Voyez-vous!

TROUSSET.

Vous m'avez donc trompé, capitaine?

THÉOPHILE.

Je ne suis pas le capitaine Ferdinand.

LA PAUSE, *à part*

Que va-t-il dire?

THÉOPHILE.

Je suis poète comme monsieur, et je me nomme.... Colletet.

COLLETET.

Il est fort celui-là! C'est moi, M. le lieutenant, qui suis Colletet.

THÉOPHILE, COLLETET.

C'est moi! — C'est moi!

TROUSSET.

Attendez.... j'ai aussi des notes sur Colletet.

THÉOPHILE, *à part.*

J'ai trouvé un joli moyen de me sauver!

TROUSSET.

Oui, ma foi, les voilà. L'affaire s'obscurcit..... usons de notre finesse accoutumée.

Air du vaudeville de l'Avare.

Nul ne veut être Théophile;
Tous deux se disent Colletet:
Comment connaître Théophile?
Comment distinguer Colletet?
Arrêtons d'abord Théophile,
Pour me saisir de Colletet;
Ensuite arrêtons Colletet,
Pour ne pas manquer Théophile.

LA PAUSE, *à part.*

Moment de génie!

COLLETET.

Mais, M. le lieutenant.....

THÉOPHILE.

Mais, M. Trousset....

TROUSSET.

Point de bruit, messieurs. Ces deux chambres vous serviront de prison jusqu'à plus ample informé. (*Il conduit Colletet à gauche, Théophile à droite.*) Un archer à chaque porte.

SCÈNE XXI.

TROUSSET, LA PAUSE, ARCHERS.

LA PAUSE, *à part.*

Tâchons de nous esquiver.

TROUSSET.

Un moment, s'il vous plaît; la justice a deux mots à dire à M. Fier-à-Bras.

LA PAUSE.

Je vous demande bien pardon... je n'ai guère le tems....

TROUSSET.

Archers, priez monsieur de rester. (*Deux hommes le prennent au collet.*)

LA PAUSE, *aux archers.*

Vous êtes bien honnêtes.

TROUSSET.

Répondez maintenant.

LA PAUSE, *à part.*

Je ne dirai rien.

TROUSSET.

Air du vaudeville de l'Un ou l'Autre.

Dites-moi lequel en effet
Est Théophile ou Colletet.

LA PAUSE.

C'est l'un ou l'autre.

TROUSSET.

Le drôle se moque de moi,
Ou ne veut rien dire, ma foi.

LA PAUSE.

C'est l'un et l'autre.

TROUSSET.

Est-ce le blond? est-ce le brun?

LA PAUSE.

Je vous jure que si c'est l'un,
Ce n'est pas l'autre.

TROUSSET.

Insolent! je te ferai donner la question.

LA PAUSE.

Je n'y répondrai pas.

TROUSSET.

C'est ce qu'il faudra voir. On vient : archers, veillez sur lui.

SCÈNE XXII.

LES MÊMES, SYLVIE, FLORINE.

SYLVIE.

Que vois-je !

TROUSSET.

Enfin, mademoiselle, Théophile est arrêté.

SYLVIE.

Arrêté!

TROUSSET.

Oui, mademoiselle, ainsi qu'un nommé Colletet. Ces deux chambres renferment mes prisonniers.

SYLVIE.

Et le capitaine?

TROUSSET.

Il n'y a plus de capitaine ; c'était un poète déguisé.

SYLVIE, *bas.*

Florine, un poète!

TROUSSET.

Oui, mademoiselle.... Oh! je suis fin!

SYLVIE.

Vous avez donc reconnu....

TROUSSET.

Je n'ai reconnu personne.

SYLVIE.

Mais comment se fait-il...

TROUSSET.

Le diable ne saurait les distinguer.

FLORINE, *bas.*

Mademoiselle, si le capitaine....

SYLVIE.

(*A Florine.*) Oh! j'y pensais... M. le lieutenant, j'ai peut-être le moyen d'éclaircir cette affaire. Mon père, dont la voiture s'est brisée a quelque distance,..

TROUSSET.

Je l'ai entendu dire.

SYLVIE.

Est blessé légèrement : mais, craignant qu'à son âge il ne puisse supporter la voiture, je l'ai engagé à rester chez son ami. Je ne l'aurais pas quitté s'il ne m'eût ordonné de venir sur-le-champ, et ne m'eût chargé d'une commission importante. Faites, je vous prie, venir vos deux prisonniers.

TROUSSET.

Mademoiselle sait donc...

SYLVIE.

Rendez-moi ce service.

TROUSSET.

Qu'on aille chercher l'un ; je me charge de l'autre. (*Il entre à droite, un archer à gauche.*)

SCÈNE XXIII.

FLORINE, SYLVIE, LA PAUSE.

SYLVIE.

Florine, le cœur me bat.

FLORINE.

Je le conçois ; monsieur votre père vient encore de vous parler de mariage avec Théophile.

SYLVIE.

AIR : *Lise épouse l'beau Gernance.*

Qui des deux est Théophile?
Deviner est difficile.
Si je consulte mon cœur,
Combien j'ai peur
D'une erreur!
Que dois-je espérer? je tremble.
Ah! pour ma félicité
Puissé-je accorder ensemble
L'amour et la vérité!

ENSEMBLE.

FLORINE.	SYLVIE.
Puissent s'accorder ensemble L'amour et la vérité !	Puissé-je accorder ensemble L'amour et la vérité !

SCÈNE XXIV ET DERNIÈRE.

LES MÊMES, THÉOPHILE, COLLETET, TROUSSET.

TROUSSET, *à Théophile.*

Venez, monsieur.

THÉOPHILE.

Vous voici de retour, mademoiselle... Monsieur de Mesnellier...

SYLVIE.

Soyez sans inquiétude.

THÉOPHILE, *gaiment.*

Vous voyez ma triste situation. A votre départ je ne portois que vos fers; M. le lieutenant s'est mis dans la tête que je devais porter les siens. Voilà deux fois en un jour ma liberté perdue.

SYLVIE.

C'est sans doute une erreur, une méprise de noms.

THÉOPHILE.

Hélas! je vous ai trompé; j'ai dit à M. que j'étais Colletet.

SYLVIE, *bas à Florine.*

Plus d'espérance.

COLLETET.

On veut en vain me faire passer pour Théophile; la vérité est que je ne le suis pas.

FLORINE.

A l'autre!

SYLVIE.

Lequel croire?

TROUSSET.

Ils m'ont tenu le même langage.

SYLVIE.

(A part.) Il me vient une idée... *(Haut.)* Messieurs, mon père m'a chargé de remettre à monsieur le lieutenant des papiers qu'il apportait de Paris, et qui vous concernent.

THÉOPHILE, COLLETET.

Nous!

SYLVIE.

Il ne m'en a pas caché le contenu; l'un de vous deux a sa liberté.

COLLETET.

Expliquez-vous.

SYLVIE.

L'autre n'est pas si heureux : mais mon père lui offre son crédit, son amitié, et moi l'intérêt le plus tendre et les vœux les plus ardens pour son bonheur.

COLLETET.

De grâce, achevez.

THÉOPHILE, *avec feu.*

Ce n'est sans doute pas Théophile qui a sa grâce; ses ennemis sont trop acharnés contre lui... Mais vous le plaindrez, vous formerez des vœux pour lui... Ah! que mille morts lui soient préparées! il est encore trop heureux... Je suis Théophile. *(Il se jette aux genoux de Sylvie.)*

SYLVIE, *le relevant.*

Mon cœur l'avait deviné. Rassurez-vous; ce n'était qu'une épreuve que justifiait votre silence. Monsieur le lieutenant, *(Lui remettant un paquet cacheté.)* Voici l'acte obtenu par le crédit du duc de Montmorenci, qui déclare innocent de l'ouvrage intitulé : *le Parnasse satirique*, le sieur Théophile.

THÉOPHILE.

Est-il bien vrai!

COLLETET.

Un moment : j'ai passé pour Théophile malgré moi ; je veux l'être maintenant malgré tout le monde.

SYLVIE, *à Trousset.*

Vous verrez également dans cet écrit que l'on veut bien oublier l'ouvrage injurieux dont il est question, et que l'on cesse d'en poursuivre l'auteur, quel qu'il soit.

COLLETET.

Qu'entends-je !

TROUSSET, *après avoir lu.*

Voyons... voyons... Hum, hum ; oui, tout est en règle.

COLLETET.

En ce cas je consens à être Colletet.

LA PAUSE.

Moi je change le nom de Fier-à-Bras contre celui de la Pause, très-humble valet de monsieur.

SYLVIE, *à Théophile.*

Venez avec moi près de mon père ; il a encore une nouvelle à vous apprendre.

THÉOPHILE.

Ah ! si j'osais deviner !

FLORINE.

Qui sait... vous rencontreriez peut-être juste.

THÉOPHILE.

Pourrai-je résister à l'excès de mon bonheur ?

TROUSSET.

Je vous félicite de tout mon cœur. Vous l'avez échappé belle : que cela vous serve de leçon, et vous éclaire sur le danger d'écrire certaines choses.

VAUDEVILLE.

AIR : *J'aime les Amours.* (Du Congé.)

D'un mot on perd la trace;
Mais
Ce qu'on écrit ne s'efface
Jamais:
Auteurs critiques, en ce cas
Parlez tout bas,
Surtout n'écrivez pas.

TOUS.

Auteurs critiques, en ce cas
Parlez tout bas,
Surtout n'écrivez pas.

FLORINE.

Un amant
Qui ment
Constamment
Fait prudemment
D'en rester au serment;
Mais, sans contredit,
Perd l'esprit
S'il veut jurer son amour par écrit...

D'un mot on perd la trace;
Mais
Ce qu'on écrit ne s'efface
Jamais:
Messieurs les amans, en ce cas
Jurez tout bas,
Surtout n'écrivez pas.

TOUS.

Messieurs les amans, etc.

8

COLLETET.

Sur nos travers,
Les yeux ouverts,
Je vais m'acquitter envers
L'univers :
Oubliant mes revers
Divers,
Combien je vais écrire de beaux vers!

THÉOPHILE, *à Colletet.*

D'un mot on perd la trace ;
Mais
Ce qu'on écrit ne s'efface
Jamais :
Faites des vers, mais en ce cas
Que sous mon nom ils ne paraissent pas.

TOUS.

Faites des vers, etc.

THÉOPHILE.

A ceux qui m'ont fait tant de mal
Que mon courroux va devenir fatal!
A mon gré
Je me vengerai;
Que de sonnets, de quatrains j'écrirai!

SYLVIE, *à Théophile.*

D'un mot on perd la trace ;
Mais
Ce qu'on écrit ne s'efface
Jamais :
Vengez-vous, mais en pareil cas
Parlez bien bas,
Surtout n'écrivez pas.

TOUS.

Vengez-vous, etc.

SYLVIE, *au public.*

Un bon mot fatal
Fait du mal ;
Il part, il court ;
Pourtant son règne est court :
Mais les feuilletons voyageurs
Font aux auteurs
Des milliers de censeurs.
Soyez aujourd'hui
Notre appui :
Que des jaloux
En courroux
Contre nous
Ecrivent du mal ; ce n'est rien,
Si vous daignez en dire quelque bien

TOUS.

Soyez, etc.

OUVRAGE SOUS PRESSE,

POUR PARAITRE LE PREMIER FRIMAIRE.

Le Chansonnier du Vaudeville, par MM. Piis, Barré, Radet, Desfontaines, Després, Dieu-la-Foi, Laujon, Demautort, Philipon-la-Madelaine, Ségur, Armand Gouffé, Maurice Séguier, le Prévost-d'Iray, Bouilly, Joseph Pain, Chazet, Dupaty, Moreau, Tournay, Thésigny, Lonchamp, Jouy, Vieillard, Dubois, Raboteau, Sewrin, Lombard (de Langres,) Désaugiers, Ravrio, Bourguignon, Ernest, Saint-Félix, Fontenille, etc.

DE L'IMPRIMERIE DE BRASSEUR AINÉ.

www.ingramcontent.com/pod-product-compliance
Ingram Content Group UK Ltd.
Pitfield, Milton Keynes, MK11 3LW, UK
UKHW021012180726
13838UKWH00004B/1525

9 782329 424873